ÍNDICE

....

Dedicado a mi querida Viany...
Por todo tu Amor y paciencia en lo que hago y quiero llegar a ser...

INTRODUCCIÓN

....

Hoy en día es posible encontrar mucha información en relación a algo tan básico como hacer tu sitio Web, yo mismo llevo diez años haciendo sitios web, y me he topado con infinidad de combinaciones entre servicios de Hospedaje, Dominio, Clientes de Correo, etc... El objetivo básico de este libro es precisamente ahorrarte todo ese esfuerzo y tiempo mal gastado en probar y ver si una u otra aplicación, programa o servicio es el adecuado.

Creo sinceramente que si estás buscando la guía definitiva sobre creación de sitios Web, esta obra te va a encantar, todo lo puedes hacer tu mismo, sin necesidad de saber programar, diseñar o complicadas configuraciones, simplemente sigue los pasos y en menos de 24 horas podrás tener presencia Web con tu página, correo electrónico corporativo, logo, pagina en Facebook con publicidad incluida, y todo lo anterior por menos de 150 dólares, incluyendo el valor de este libro. Este libro está diseñado para tí que deseas montar tu empresa en línea, que odias deambular sin rumbo y que buscas enfocarte en lo importante del mismo.

Esperamos que te diviertas tanto como yo al hacer este libro...

HOSTING Y DOMINIO

....

El primer aspecto básico al momento de querer tener presencia en Internet es precisamente la contratación de un servicio de Hosting y Dominio. Para entender mejor de que se tratan estos conceptos tenemos lo siguiente:

Hosting: También conocido como Hospedaje, este servicio tiene la finalidad de servir como un espacio en la Internet donde alojar información, en nuestro caso vamos a alojar nuestro sitio Web.

Dominio: Es el nombre bajo el cual podrán ubicarnos en la Internet, ejemplo: www.ejemplo.com, de lo contrario tendrían que ubicarnos por medio de direcciones IP, sin embargo sería muy difícil que las personas recordaran esas direcciones para ubicar nuestra página. Al momento de elegir un nombre de dominio podemos optar por elegir alguno con terminación .com o algún otro con terminación .com.mx .com.es .net así como una infinidad de opciones adicionales.

Ahora entrando en la acción es elegir el proveedor de servicios de Hosting y Dominio correcto, en lo personal pase horas y horas probando servicios, al final me he quedado con este servicio que recomiendo ampliamente por costo y nivel de servicio. Este servicio se llama HostPapa, en el cual podrás adquirir ambos servicios.

Ingresa a www.hostpapa.com

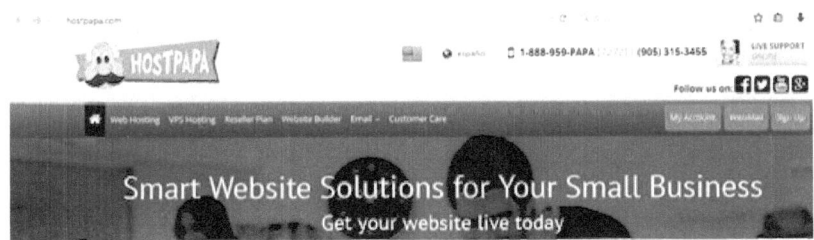

Damos clic en GET STARTED y elegimos el plan BUSINESS.

Tendremos que escribir el nombre de dominio que queremos para nuestro sitio Web, y podemos verificar si está o no disponible.

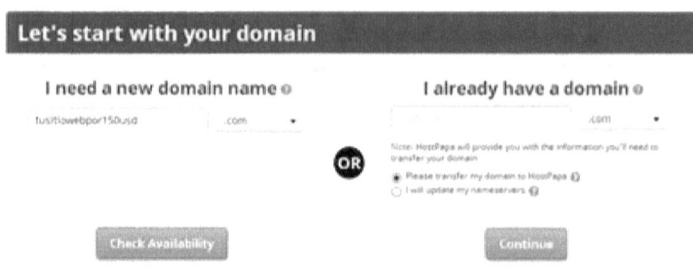

En la primera sección seleccionar el plazo de 12 meses

En la segunda sección solo debe estar marcada la casilla:
- Domain Privacy

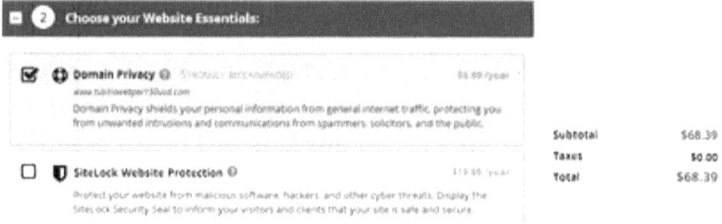

En la tercera sección es ingresar los datos para pago.

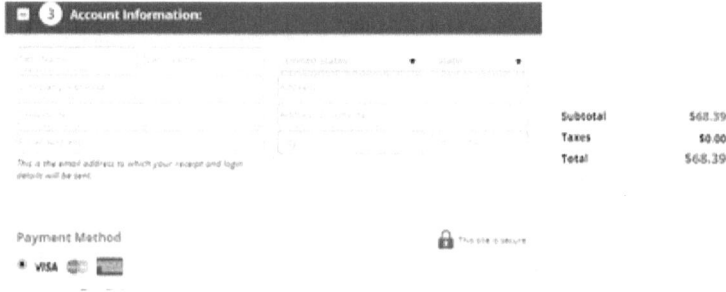

Una vez que el pago se haya procesado exitosamente, recibiremos un correo confirmando nuestra cuenta en Hostpapa. Ingresaremos al sitio con nuestro usuario y contraseña.

En este punto ya contamos con Hosting y Dominio listo. Sin embargo aún nos queda algo de camino por recorrer.

Para recapitular nuestros gastos vamos a hacer un breve análisis:

Concepto	Importe
Libro	$ 5.00
Hosting y Dominio	$ 68.39
Total	**$ 73.39**

CORREO ELECTRÓNICO CORPORATIVO

· ·

Sabemos que al iniciar un negocio, uno de los aspectos más básicos es tener una cuenta de correo corporativa, que incluya el nombre de dominio de nuestra empresa o emprendimiento. Muchos planes de Hosting incluyen la posibilidad de poder crear cuentas de correo, sin embargo son muy limitadas y no muy prácticas a la hora de sincronizar nuestros dispositivos.

Sabemos que hoy en día el correo no solo está en nuestra PC de escritorio, también lo tenemos en nuestro Smartphone, Tablet, Laptop y demás dispositivos en donde nos conectemos, incluso en ocasiones tenemos la imperiosa necesidad de conectarnos en alguna PC ajena o de renta como un cyber café. La cuestión es que nuestra cuenta de correo corporativa nos debe seguir el paso en un mundo multiconectado.

Hace apenas un par de años teníamos una excelente herramienta gratuita que se llama Google Apps, que nos permitía crear 10 cuentas de correo con todo el potencial de una cuenta de Gmail, pero con nuestro propio nombre de dominio, realmente esta alternativa era fantástica, sin embargo debido a la alta demanda los señores de Google decidieron ya no dar las 10 cuentas de prueba, ahora es de pago desde la primera cuenta, si bien no es un precio excesivo el que se paga la idea es maximizar nuestro presupuesto.

En este sentido tenemos otra alternativa muy buena, sin tanto renombre como el caso de Google Apps, pero con mucho camino recorrido y con grandes empresas que soportan su operación mediante los servicios de esta empresa, me refiero a los productos de la compañía Zoho, en este caso en particular hablaremos de Zoho Mail y la posibilidad de tener cuentas gratuitas de correo electrónico utilizando su plataforma y con nuestro propio nombre de dominio. Zoho nos permitirá acceder a nuestro correo desde su propia interfaz Web, alojarlo en un cliente de correo local, en nuestros Smartphone y cualquier otro dispositivo, además de ser un servicio realmente muy bueno.

Ahora que ya sabes qué servicio vamos a utilizar, es hora de entrar en acción.

Lo primero que debemos hacer es ingresar a la página de Zoho Mail en este link: www.zoho.com/mail/

Damos Clic en el botón que dice GET STARTED NOW

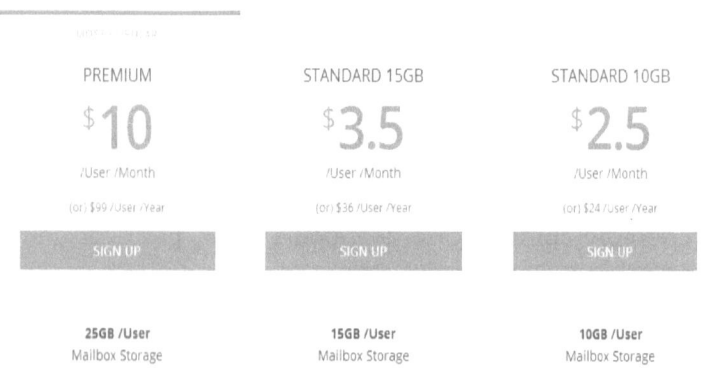

Seleccionamos la opción FREE y damos clic en SIGN UP.

En la primera casilla escribimos el nombre de dominio de nuestro sitio Web, como se aprecia en la siguiente imagen y damos clic en ADD DOMAIN.

Thank you for considering Zoho Mail to manage your business email

Add your existing company or business domain name to set up you@yourdomain email addresses

| www | tusitiowebpor150usd.com | Add Domain |

En seguida nos aparecerá un formulario donde deberemos llenar todos los campos que nos solicitan, incluyendo el correo administrador de nuestro sitio web, en este caso mi primer correo será contacto@tusitiowebpor150usd.com , al terminar de llenar los campos damos clic en el botón SIGN UP.

Al término del registro veremos la siguiente pantalla en donde nos indica que nuestra cuenta esta creada, el siguiente paso es dar clic en el enlace de abajo donde dice Setup.

DOMAIN SETUP   SIGN UP   CONFIRM DETAILS

Congratulations!

You have successfully signed up for the Free plan for your domain. You can easily set your domain for email upto 10 email accounts in your organization setup. You can upgrade to any of our paid plans in case you wan user accounts.

You have the following features in the Free plan:

Mail storage per account: 5 GB (Standard plans come with 10GB and 15GB mailbox options)

Domain Name: tusitiowebpor150usd.com

Number of user licenses: 10

Number of domains: 1

Referral Program :
You can refer other businesses to get up to 15 free user licenses added to your account for successful referra about our referral program.

Setup tusitiowebpor150usd.com in Zoho

En este punto vamos a configurar nuestro servicio de Zoho Mail con nuestro dominio contratado en Hostpapa. Este paso es suma- mente importante, ya que una mala configuración provocará que no podamos recibir o enviar correos electrónicos.

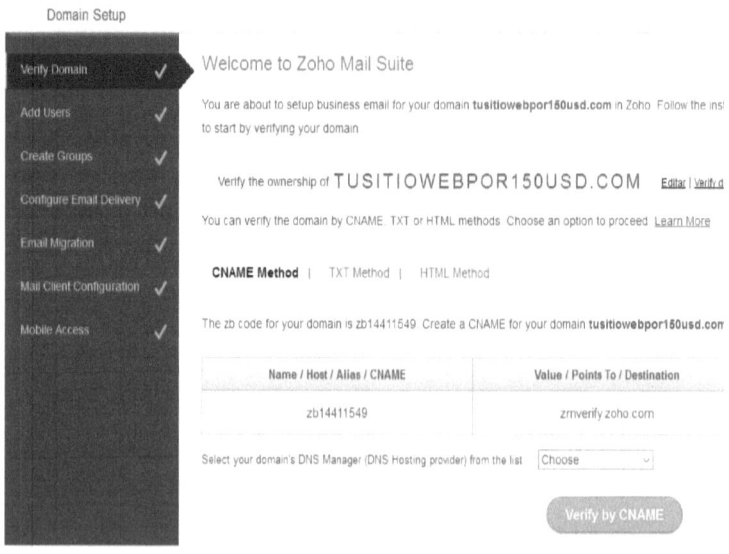

La forma más rápida y fácil de verificar nuestro dominio en Zoho Mail, es a través de CNAME, con esto podemos tener rápidamente la verificación. Para esto tendremos que ir a la página de Hostpapa e ingresar con nuestro usuario.

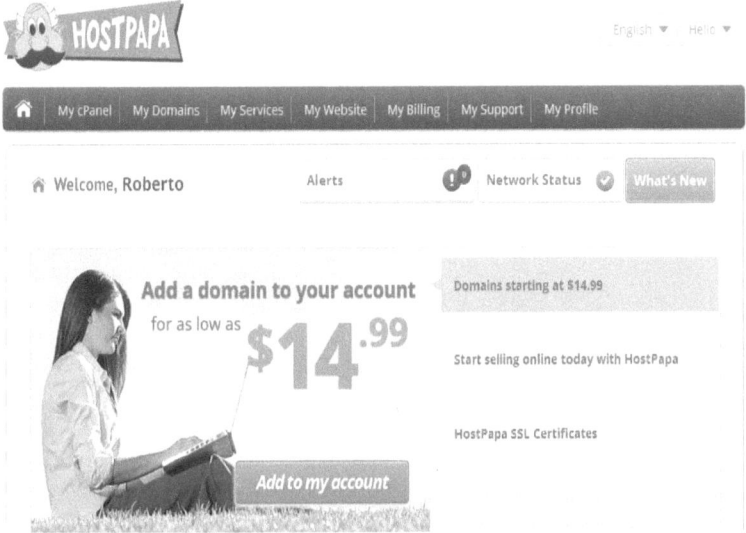

Una vez adentro damos clic en "My cPanel" y nos desplegará las configuraciones de nuestro Hosting y dominio.

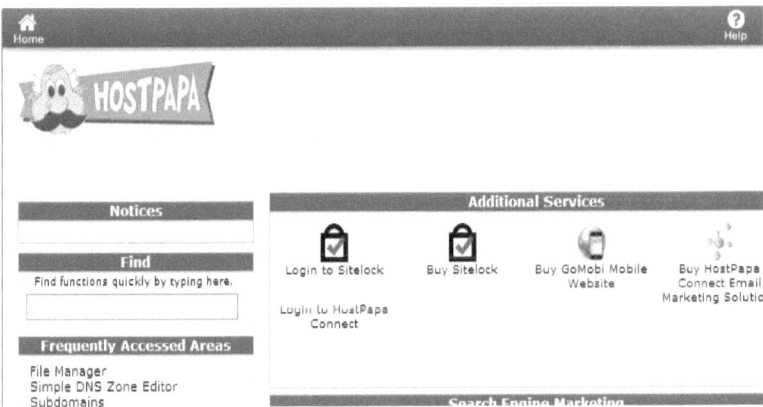

Navegamos por las diferentes configuraciones hasta ubicar el icono llamado "Simple DNS Zone Editor".

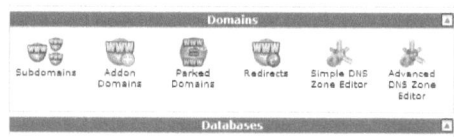

Dentro de la ventana que se nos despliega hay dos secciones una de "Add an a Record" y "Add a CNAME Record", vamos a utilizar la segunda opción, la que dice CNAME, ahí hay dos casillas, una que dice name y otra que dice CNAME. En la página de Zoho Mail que vimos hace un momento viene lo que debemos de escribir en estos campos.

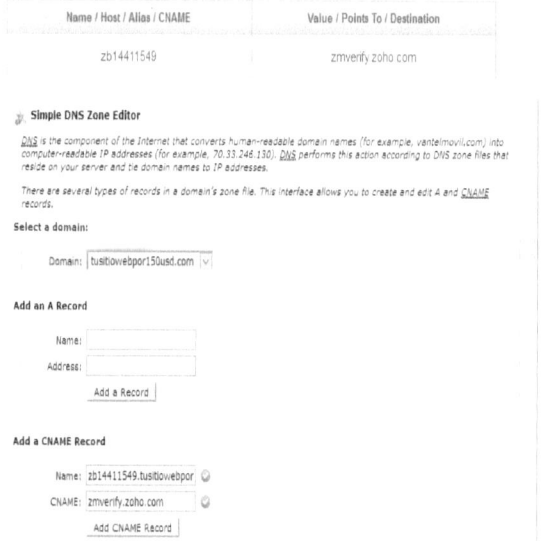

Damos clic en el botón "Add CNAME Record" y veremos en la sección inferior que agrega el CNAME recién ingresado.

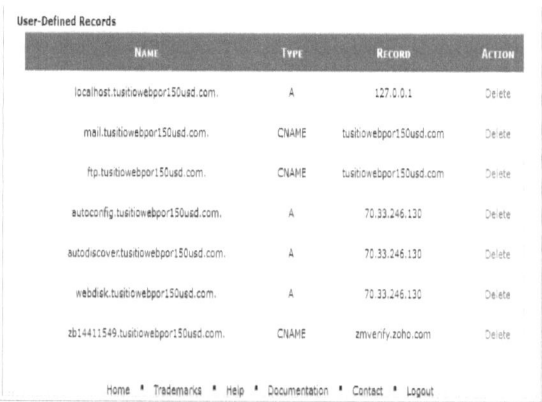

Ya realizado este paso vamos a la página de Zoho Mail y verificamos nuestro dominio dando clic en el botón verde "Verify by CNAME".

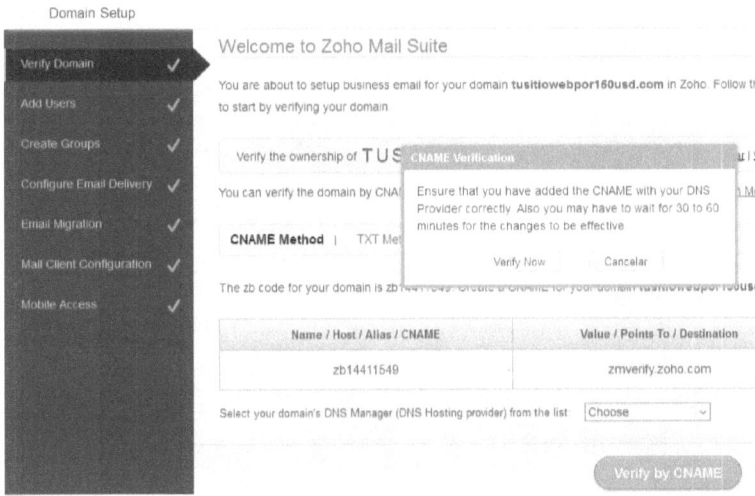

Nos aparece un botón para confirmar que deseamos verificar y damos clic en "Verify Now". Nos muestra que hemos verificado exitosamente nuestra cuenta en Zoho Mail con nuestro dominio de Hostpapa, ahora es momento de confirmar la cuenta de correo administrador. Solo hay que dar clic en "Create Account".

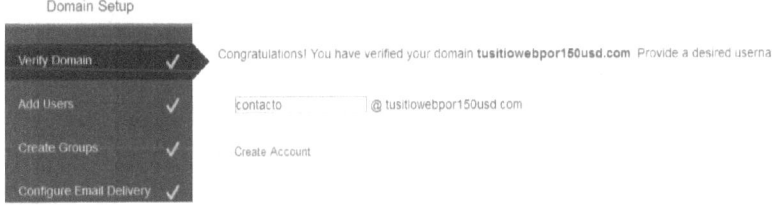

Podrás observar que en el menú de la izquierda iremos pasando de una etapa a otra, como un asistente, en este punto no es necesario configurar todas las etapas. Así que daremos en el botón "Skip" hasta la etapa "Configuere Email Delivery". Anteriormente pudimos verificar nuestro dominio, sin embargo esto no significa que podamos enviar y recibir correos, ya que Hostpapa aún tiene activo su servicio propio para la gestión de correos, lo que vamos a hacer a continuación es configurar nuestro Hostpapa a manera que el correo sea recibido y enviado mediante Zoho Mail.

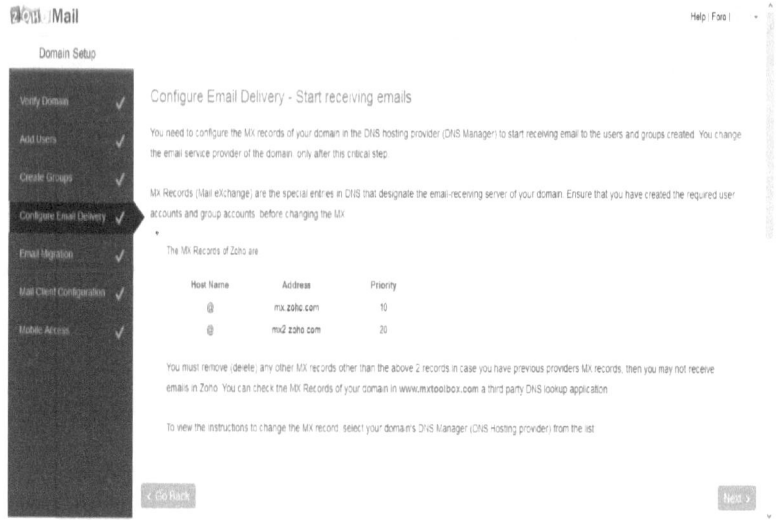

Para tal efecto vamos a ir a cPanel de Hostpapa y ubicar la opción "MX Entry"

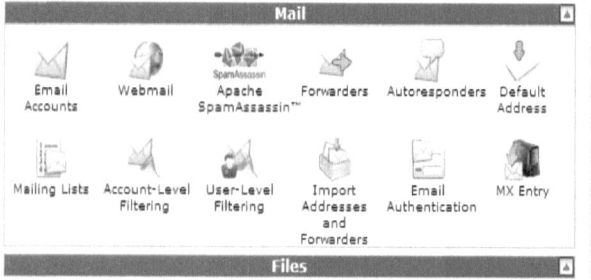

Nos aseguramos que tengamos seleccionado nuestro dominio. También debemos de seleccionar la casilla "Remote Mail Exchanger" y dar clic en el botón "Change".

En la parte inferior veremos las entradas MX, si existiera alguna ingresada tendremos que borrarlas, de lo contrario es cuestión de agregar las correctas. En la sección de "Add a New Record" ingresamos lo siguiente:

Priority: 10

Destination: mx.zoho.com

Damos clic en "Add New Record".

En seguida agregamos otro registro con los siguientes datos.

Priority: 20

Destination: mx2.zoho.mx

Al final los MX Records deben verse de la siguiente manera:

Para verificar que hemos realizado los pasos correctamente ingresaremos al siguiente sitio http://mxtoolbox.com/

Ingresaremos nuestro sitio web y daremos clic en el botón "MX Lookup". En los resultados debe aparecer los registros MX que configuramos previamente.

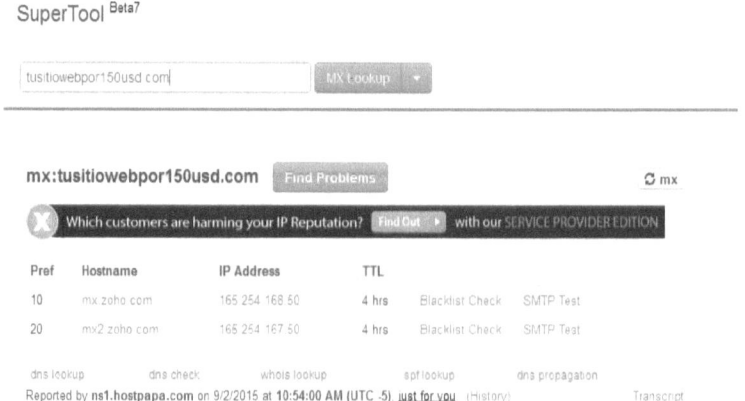

Hay que tener muy en cuenta que si en los resultados aparece algún MX adicional a los que ingresamos deberemos ir a cPanel y borrarlo, ya que de lo contrario Zoho Mail no podrá enviar y recibir correos.

Ahora volvemos al asistente de Zoho Mail y damos clic en Next y Skip. Las siguientes etapas no son necesarias por el momento, sin embargo puedes darte una vuelta por el asistente para configurar tu correo en un cliente de escritorio como Outlook o para descargar las apps para smartphone.

Por último el asistente nos indicará que la configuración básica de Zoho Mail esta completada, y nos mostrará un enlace para entrar a nuestra cuenta de correo.

Great! Your basic setup is complete

You are on your way to communicate, collaborate and be more productive with Zoho Mail suite. Your users can now send and receive emails u: @tusitiowebpor150usd.com email accounts. Also explore other online applications we offer at Zoho like CRM, Projects, Invoice and more

For detailed help in using Zoho Web Mail, visit https://www.zoho.com/mail/help/

For detailed help in using the Zoho Mail Admin Control Panel, visit https://www.zoho.com/mail/help/adminconsole

Ahora veremos la bandeja de entrada con los correos de bienvenida.

En este punto ya tenemos correctamente configurada nuestra cuenta de correo corporativa, podemos enviar y recibir correos.

Dentro de la App Store de iOS o Google Play en Android es cuestión de buscar Zoho Mail y rápidamente encontraran la app para gestionar tu correo desde el Smartphone.

Para tener claro el monto hasta ahora invertido veamos el siguiente análisis:

Concepto	Importe
Libro	$ 5.00
Hosting y Dominio	$ 68.39
Zoho Mail	$ 0.00
Total	**$ 73.39**

WORDPRESS INSTALACIÓN

Llegamos al punto en el cual debemos montar nuestro sitio Web, si busca en Internet se dará cuenta que existen muchas plataformas para este fin, algunas son gratuitas y otras más de pago. Entre tantas opciones podemos fácilmente caer en alguna que no sea la que satisfaga nuestras necesidades al 100%, o alguna que siendo de pago el resultado es muy pobre en relación al diseño.

En mi experiencia particular sin ser una persona que sepa código o informático me topaba con la gran barrera de encontrar algo que fuera accesible económicamente, que pudiera yo entender y manipular y cuyo resultado práctico y visual fuera aceptable. En este sentido es que encontré a Wordpress, el cual es un Gestor de Contenidos que nos permitirá construir nuestro sitio, esencialmente está diseñado para Blogs, sin embargo es tan versátil que en la actualidad es posible hacer muchos tipos de páginas con Wordpress.

Wordpress es una plataforma tipo Open Source (Código Abierto) que si bien no quiere decir que sea gratis, nos permite trabajar sobre ella sin ningún problema y con gran calidad.

En este sentido veremos cómo es el proceso de instalación en nuestro sitio. Para esto tendremos que ingresar a www.hostpapa.com e ingresar con nuestro usuario y contraseña.

Una vez adentro ingresamos a nuestro cPanel.

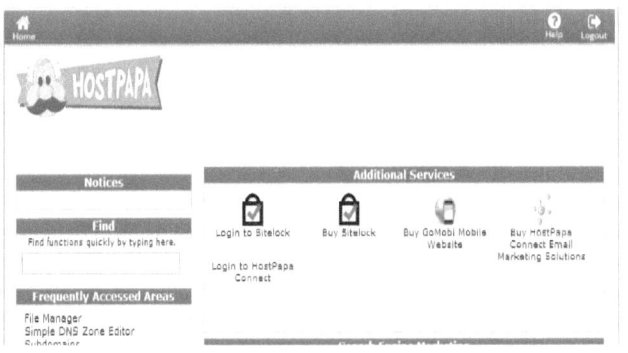

Buscamos la opción que dice "Softaculous Apps Installer"

Nos abrirá una sección en la cual veremos diferentes apps instalables, tendremos que ubicar la que dice Wordpress y dar clic sobre el icono.

En seguida veremos el detalle de la aplicación, tendremos que ubicar el botón "Install" y dar clic sobre él.

Nos llevara a una pagina con varios campos que deberemos llenar. No es necesario llenarlos todos, pero es recomendable llenar al menos los de:

Choose Domain: Debe estar seleccionado el dominio que tenemos

Site Name: Con el nombre que le daremos a nuestro sitio

Site Description: Una breve descripción de nuestro sitio

Admin Username: Nombre de usuario con el que entraras a la plataforma

Admin Password: Contraseña con la cual entraremos a la plataforma

Admin email: Correo para recibir notificaciones del sitio

Select Language: Idioma sobre la cual estará la plataforma.

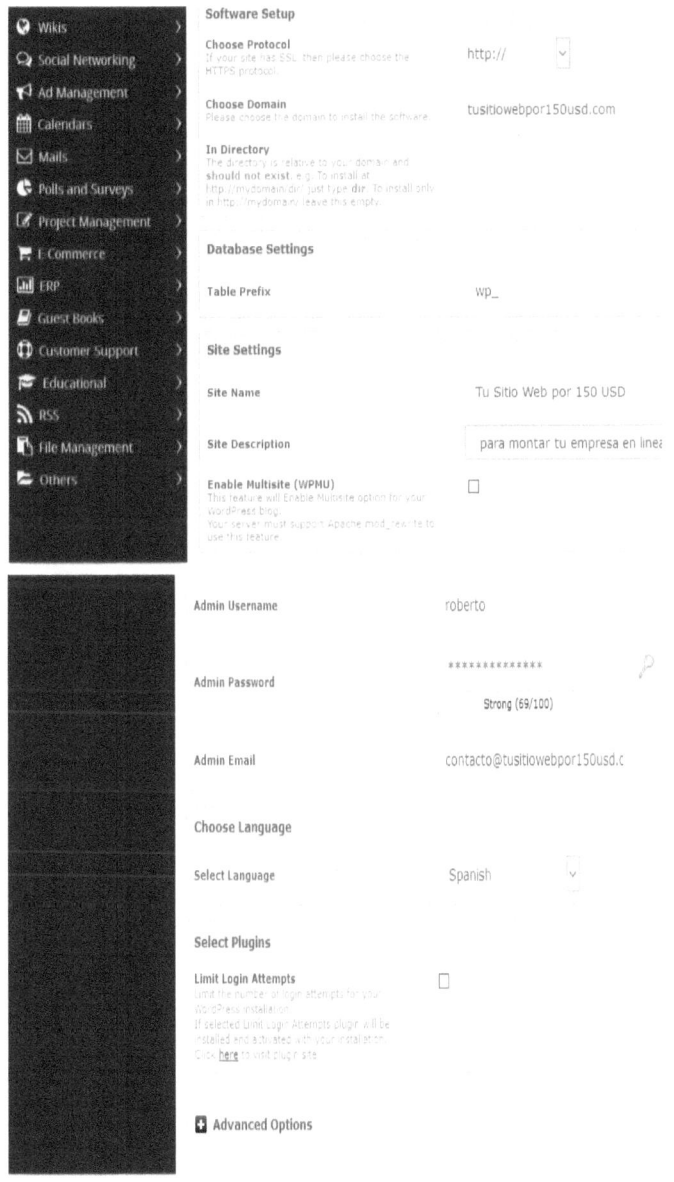

Por ultimo damos clic en el botón "Install".

Ya en este paso habremos instalado Wordpress en nuestro sitio.

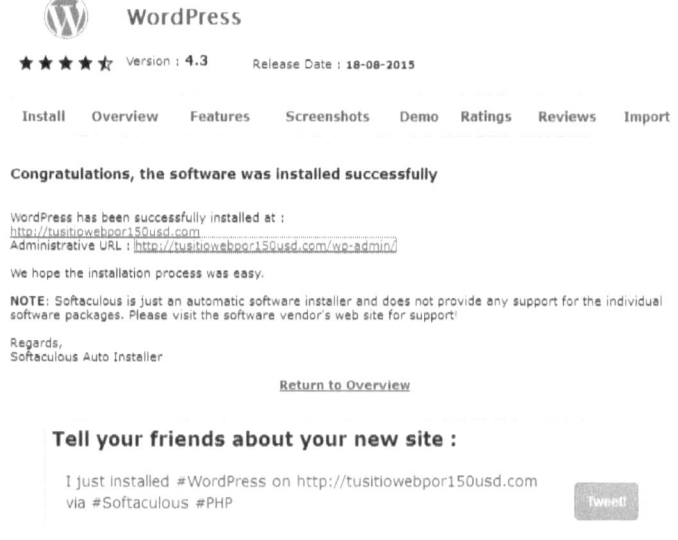

En la página se mostrará 2 enlaces, uno con el sitio público y otro con el sitio administrador, desde donde podremos administrar nuestro sitio.

La página pública en este caso es: tusitiowebpor150usd.com

La página administrador en nuestro ejemplo es: tusitioweb-por150usd.com/wp-admin/

Al ingresar a la plataforma veremos las opciones para administrar nuestro sitio.

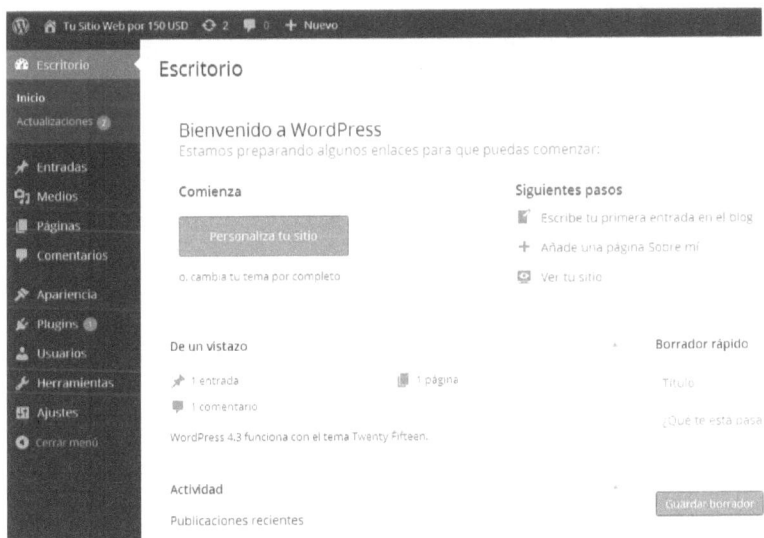

Con esto hemos asegurado una correcta instalación de nuestro sitio en Wordpress.

Repasemos nuestra inversión hasta el momento:

Concepto	Importe
Libro	$ 5.00
Hosting y Dominio	$ 68.39
Zoho Mail	$ 0.00
Wordpress	$ 0.00
Total	**$ 73.39**

DISEÑO EN WORDPRESS

A estas alturas, ya tenemos gran parte del camino recorrido, ahora toca el momento de personalizar nuestro sitio Web, en este sentido tenemos varias alternativas, sin embargo como en casos anteriores son tantas que muy probablemente terminemos perdidos entre todo eso.

Un aspecto importante a mencionar es que existe la posibilidad de adquirir soluciones de diseño gratuitas, incluso de manera predeterminada Wordpress incluye ya un diseño funcional, sin embargo para lograr resultados más profesionales tendremos que invertir en ello.

Lo primero que debemos de comprender es que el diseño en Wordpress se realiza mediante el uso de Temas (Themes), los cuales vienen a hacer la base sobre la cual montaremos nuestro sitio, hay distintos tipos de Temas, algunos de ellos bastante sofisticados que permiten la personalización de diversos aspectos.

Nuestra tarea en este punto es tener un tema que sea accesible, sencillo y de gran impacto, para tal efecto vamos a adquirir los servicios de Elegant Themes, así iremos a su sitio web: http://www.elegantthemes.com/

Una vez ahí damos clic en "Join to Download" para ver los precios del servicio.

En seguida veremos tres opciones de servicio, para nuestro caso nos basta con adquirir la licencia más económica por 69 USD.

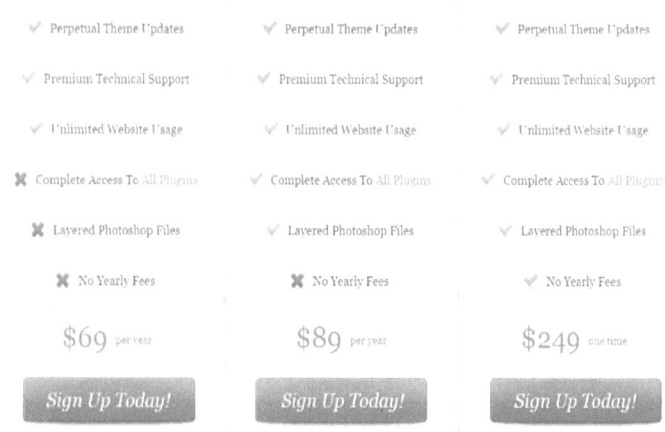

A dar clic en seguida tendremos que registrarnos y realizar el pago por medio de nuestra tarjeta de débito o crédito.

Una vez pasado el registro podremos ingresar con nuestro usuario y contraseña, en seguida nos desplazamos hacia abajo y veremos la sección de Theme Downloads.

El primer Tema que veremos es DIVI, este tema es sumamente flexible y con grandes características, es por eso que lo elegiremos para la construcción de nuestro sitio. Daremos clic en el botón azul "Download"

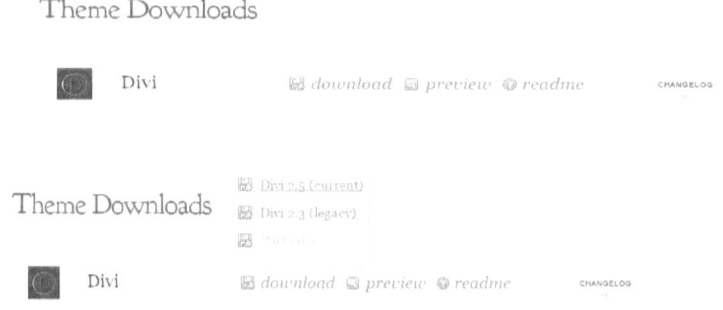

Ya con el archivo descargado vamos a ir a nuestro sitio web administrador donde daremos clic en la sección de Temas.

Damos clic en "Añadir Nuevo"

Damos clic en "Subir Tema"

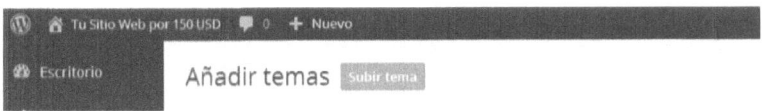

Estando ahí veremos el botón de "Examinar" desde donde ubicaremos el archivo que nos descargamos con el nombre de divi.

Y damos clic en "Instalar ahora".

Al terminar la instalación nos permitirá activar el Tema.

Al realizar este paso tendremos instalado nuestro sitio web con el diseño DIVI.

Ahora lo siguiente es tomar como base alguna plantilla de Divi y empezar a editar o sustituir la información que queramos, lo más fácil es irnos al sitio web de Elegant Themes, y dar clic en el "preview" del tema Divi, al hacer esto nos despliega un sitio donde se muestra todo el potencial del tema en Wordpress.

Por ejemplo, si queremos basarnos en el "Homepage Basic", nos situamos en Home y se despliegan diversos estilos de Home, damos clic en el que nos agrade y veremos la plantilla sobre la cual nos podemos inspirar.

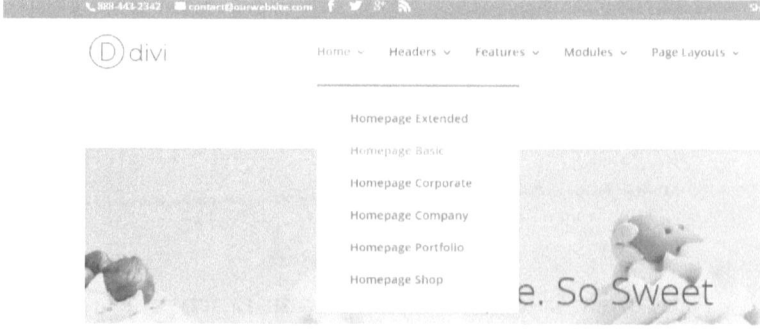

Para copiar este diseño nos vamos a nuestro administrador en Wordpress, Damos clic en "Paginas" y "Añadir Nueva". Podemos nombrar esta página como Home.

Notamos que tendremos un botón grande que dice "Usar el constructor Divi".

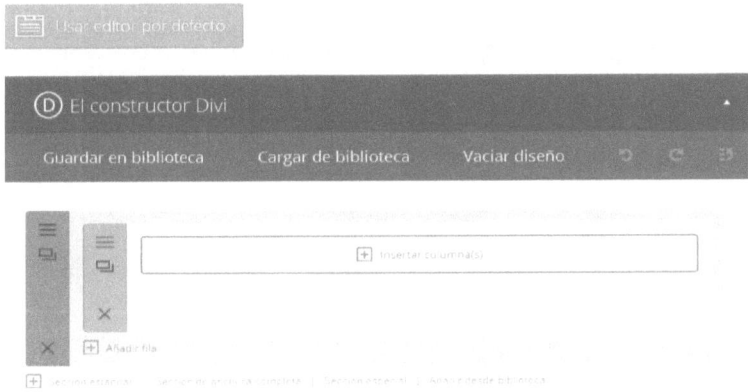

Damos clic en "Cargar de biblioteca" y veremos los diseños pre-diseñados desde donde elegir nuestra plantilla base. Para nuestro caso seleccionamos "Página de inicio básica" dando clic en el botón "Cargar".

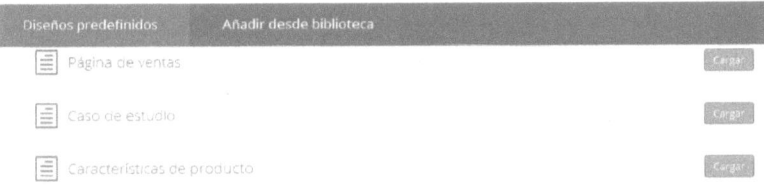

Enseguida veremos toda la estructura cargada, para verificar que se haya cargado correctamente podemos dar clic en el botón publicar y entrar a la versión publica de nuestro sitio.

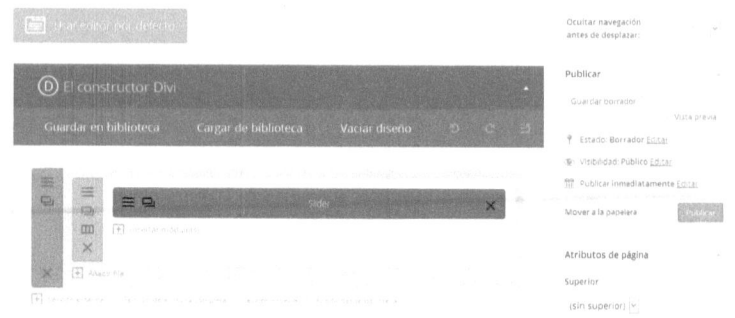

Aquí el previo de nuestro sitio.

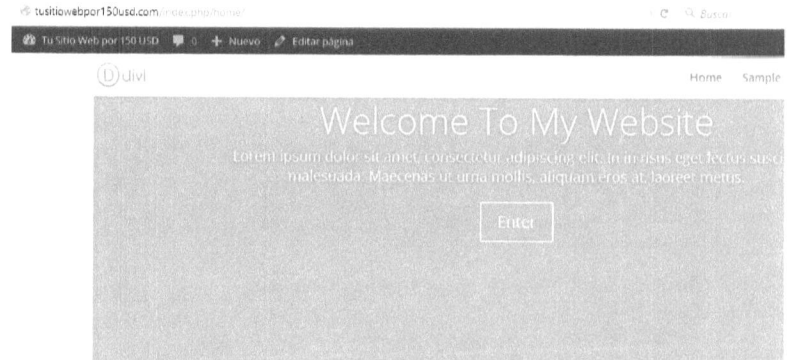

Regresando al administrador de nuestra página, veremos que podemos editar las diferentes secciones dando clic sobre ellas.

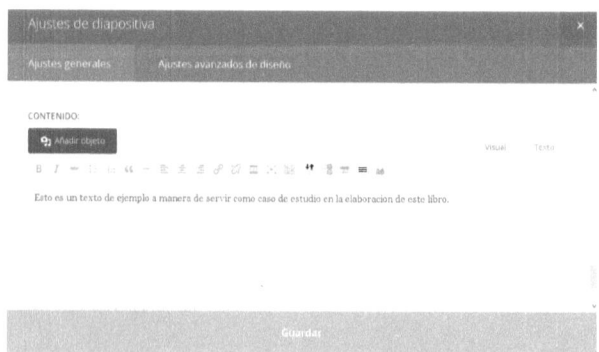

Al editar los campos podremos personalizar los textos, imágenes, o slides. Al terminar damos clic en Guardar y podemos ver el avance dando clic en actualizar.

Si seguimos haciendo esto a lo largo de la plantilla lograremos obtener un resultado muy bonito y funcional. Ahora bien, la página que hicimos debe estar como la página inicial al ingresar a nuestro dominio así que sobre la vita publica daremos clic en el marco oscuro donde aparece el nombre de nuestro sitio y se desplegará un submenú en el que daremos clic en "Personalizador de Temas", donde veremos un editor simplificado para diversas secciones de nuestra página.

Ingresaremos a la sección de "Portada Estática".

En esta opción podremos elegir entre que nuestra página principal sea de entradas o una página estática, deberemos seleccionar "Una página estática" y como portada la página que hicimos de nombre "Home". Al estar listo damos clic en "Guardar y publicar".

Al ingresar a nuestro sitio principal nos daremos cuenta que los cambios se han aplicado.

Estos son los conceptos básicos a considerar en la elaboración de diseño del sitio Web, para ahondar en las multiples posibilidades de Divi puedes consultar este enlace http://www.elegantthemes.com/gallery/divi/documentation/ el cual constantemente se actualiza con información y manuales al respecto.

Uno de los puntos más importantes del diseño de nuestro sitio y de nuestro emprendimiento en línea es el logo, sabemos que el diseño de un logo tiene que ir en acorde a nuestra idea de negocio, empresa o tema sobre el cual se tratará nuestro sitio. Si ya tu empresa cuenta con un logo es muy fácil poderlo configurar en el sitio web.

Si en tu caso no tienes logo, hay maneras muy accesibles de poder conseguir con buena calidad y personalizado a tus necesidades, para eso vamos a recurrir a Fiverr, el cual es una plataforma en línea donde diversas personas profesionales en distintas materias podrán ayudarnos en el diseño de nuestro logo. Para ingresar solo escribimos www.fiverr.com

Una vez estamos en la página es muy fácil de utilizar, solo escribimos en el buscador el servicio que deseamos, por ejemplo: diseño de logotipo y nos despliega varios usuarios.

Lo atractivo es que por muy poco dinero podemos acceder a gran talento, incluso los que tienen altas calificaciones tienen paquetes de diseño desde 5 dólares, aunque no ofrecen todas las ventajas que paquetes más costosos si cumplirán con la necesidad de tener un logo en formato JPG o PNG. Lo más recomendable y dar un vistazo a varios perfiles, para que encontremos a un usuario con buena reputación y que en su portafolio encontremos el estilo de logo que nos agrade a nosotros, es importante ver la descripción del servicio para no tener dudas a la hora de ordenar.

Una vez que tengamos el logo listo, lo podremos configurar fácilmente en nuestro sitio Wordpress, en la sección de Personalización del sitio. Damos clic en Ajustes Generales > Identidad del Sitio > Icono del Sitio. Ahí elegimos nuestra imagen para que quede como logotipo de nuestro sitio.

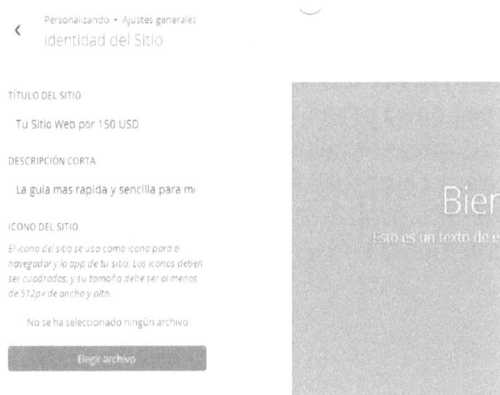

Hasta el momento ya tenemos los elementos necesarios para montar un sitio Web de calidad, correo corporativo para trabajar, prácticamente tenemos montada nuestra empresa en línea. Pero vamos a repasar nuestra inversión hasta el momento.

Concepto	Importe
Libro	$ 5.00
Hosting y Dominio	$ 68.39
Zoho Mail	$ 0.00
Wordpress	$ 0.00
Elegant Theme	$ 69.00
Fiverr Logotipo	$ 5.00
Total	**$147.39**

Como seguramente te habrás dado cuenta, hemos llegado a la cifra de 147.39 dólares, y montado nuestra empresa en línea con elementos de calidad y servicios que te permitirán crecer tu negocio e irlo escalando de ser necesario.

Sin embargo como un regalo extra el servicio de Hostpapa te da un cupón de 50 dólares en publicidad de Facebook, el cual podrás canjear inmediatamente y empezar a publicitar tu sitio. Para hacer valido tu cupón debes solicitarlo en el cPanel.

Esta experiencia práctica ha sido motivante y sumamente entretenida, espero que este pequeño manual te sirva para que tú mismo puedas montar tu empresa en línea sin necesidad de saber de código, mal gastar tiempo probando distintas soluciones y sobre todo reduciendo notablemente la curva de aprendizaje.

www.ingramcontent.com/pod-product-compliance
Lightning Source LLC
Chambersburg PA
CBHW021447170526
45164CB00001B/428